I0164365

San Juan

José Young

Ediciones Crecimiento Cristiano

© **Ediciones Crecimiento Cristiano**
Córdoba 419
5903 Villa Nueva, Cba.
Argentina

Ediciones Crecimiento Cristiano es una Asociación Civil
sin fines de lucro dedicada a la enseñanza
del mensaje evangélico por medio de la literatura.

Primera edición: 9/81
Edición actual 4/11

I.S.B.N. 950-9596-17-5

Prohibida la reproducción total o parcial
de este cuaderno sin previa autorización
escrita de los editores.

Diseño de Tapa: Ana Ruth Santacruz

IMPRESO EN ARGENTINA
P5

San Juan

Índice

Introducción

Al comenzar este estudio, esperamos que usted haya hecho el cuaderno que trata el evangelio según San Marcos; si no es así, recomendamos que lo haga antes de estudiar este, ya que Juan, en cierto sentido, depende de los otros evangelios. Fue escrito después de los otros tres, y supone que el lector ya está familiarizado con alguno de los otros evangelios.

Juan es un poco diferente a los otros tres evangelios. Ellos, por ejemplo, narran los principales aspectos de los tres años de ministerio público de Jesús sin demasiados comentarios, mientras que Juan dedica mucho espacio a la interpretación de los hechos y enseñanzas de Jesús. Los tres evangelistas ocupan una buena parte de sus libros hablando de los años que Jesús pasó en Galilea, al norte de Palestina, mientras que Juan concentra su atención en las visitas ocasionales de Jesús a Jerusalén.

Juan repite ciertas escenas y enseñanzas de Jesús que encontramos en los demás evangelios, pero también agrega otros detalles que los demás no contienen. Aparentemente Juan había leído los otros evangelios, y luego escribió el suyo como complemento, para agregar detalles y explicaciones que nos ayudarán a comprender mejor a Jesucristo.

Juan afirmó con toda claridad cuál era el propósito de su evangelio:

> *Jesús hizo muchas otras señales milagrosas delante de sus discípulos, las cuales no están escritas en este libro. Pero éstas se han escrito para que ustedes crean que Jesús es el Mesías, el Hijo de Dios, y para que creyendo en él tengan vida.*
> (Juan 20:30,31)

Es decir, de las muchas cosas que Jesús hizo y dijo, Juan seleccionó algunas para compartirlas con nosotros. Las escribió para que lleguemos a la conclusión de que Jesús es el Hijo de Dios, y para que creyendo, confiando en él, recibamos la vida de Dios.

Para realizar este estudio usted puede emplear cualquier versión o traducción de la Biblia que posea. Si es posible, mejor utilice dos versiones para poder compararlas y así aclarar los pasajes que usted no entienda muy bien.

Le animamos a que intente escribir las respuestas a las preguntas. Al escribir pensamos más claramente y recordamos mejor.

Esperamos tambien que pueda hacer este estudio como miembro de un grupo, o por lo menos con una persona más. El diálogo, el intercambio de ideas, beneficia mucho.

Que nuestro Dios le ayude.

Juan 1:1-18

Estos primeros versículos de Juan son una introducción al libro, un resumen de su contenido. Aunque las palabras son sencillas, el pensamiento es profundo. En un corto espacio dice mucho acerca de Jesucristo.

Para ayudarnos a comprender lo que Juan dice, vamos a dividir este pasaje en cuatro secciones, viendo brevemente cada una.

Versículos 1 a 5

Juan comienza hablando de la Palabra, o según varias versiones, del Verbo (que tiene igual significado). La Palabra es, por supuesto, Jesucristo.

1 Busque en los versículos 1 a 18 alguna evidencia de que la Palabra, de la cual habla Juan, es realmente Jesús. ¿En qué versículos encontramos esa confirmación?

2 ¿Por qué el título "La Palabra" es apropiado para Jesucristo?

Resumiremos ahora lo quE Juan dice acerca de Jesús en estos pocos versículos.

3 Según los vv. 1-5, ¿qué relación existe entre Jesús y:
☞ Dios?

☞ el mundo creado?

☞ los hombres?

4 El hecho de que Juan repita la palabra "luz" seis veces en los primeros nueve versículos indica su importancia. Según el v. 4, la luz es la misma vida de Jesucristo. ¿Qué hace esa luz?

Versículos 6 a 8

El Juan que se nombra aquí no es el escritor de este libro (Juan el apóstol) sino Juan el Bautista. Estos versículos confirman lo que vemos de él en San Marcos, es decir, que su obra principal era hablar a la gente de Jesucristo y prepararla para su venida.

Versículos 9 a 13

Estos versículos afirman un triste aspecto de la venida de Jesús. Aunque él era el Creador del mundo y vino como representante de Dios, en general, la gente no lo aceptó. Era judío de nacimiento, sin embargo, fueron ellos quienes lo rechazaron.

5 Hoy en día, la mayoría de la gente también lo rechaza. ¿Por qué razón?

El versículo 12 nos sugiere algo que es importante recordar. No todos los hombres somos hijos de Dios. Podemos serlo, pero esto depende de cómo respondamos al mensaje de Dios.

6 Piense bien en lo que dice este pasaje (vv. 9 a 13)

☞ ¿Cómo podemos llegar a ser hijos de Dios?

☞ ¿Qué significa ser "engendrados" por Dios?

Es importante ver, también, la otra cara de la moneda. El v. 13 menciona distintas maneras por las cuales no podemos llegar a ser hijos de Dios. Busque este versículo (Juan 1:13) en otras versiones o traducciones de la Biblia.

7 ¿Por qué medios es imposible llegar a ser hijos de Dios?

Versículos 14 a 18

Aquí, Juan aclara por qué podía hablar con tanta confianza acerca de Jesús: él mismo vio su gloria; él mismo probó la verdad de lo que afirma.

8 Estos versículos mencionan varias cosas que provienen de Jesucristo. Haga una lista de ellas.

Conclusión

Podríamos comentar mucho más de este pasaje, pero hemos visto lo esencial. Hagamos un último ejercicio.

9 En forma de resumen, ¿qué aprendemos acerca de Jesucristo según:

☞ Los vv. 1 a 5?

☞ Los vv. 9 a 13?

☞ Los vv. 14 a 18?

Mucho de lo que Juan menciona en esta introducción a su libro lo encontraremos nuevamente en los capítulos que siguen, pero lo principal queda establecido:

> En tiempos antiguos Dios habló a nuestros antepasados muchas veces
> y de muchas maneras por medio de los profetas. Ahora, en estos
> últimos tiempos, nos ha hablado por su Hijo. . .
> (Hebreos 1:1,2)

Juan 1:19-51

En los primeros versículos de este capítulo vimos a Jesús a través de los ojos de Juan el apóstol: él es la Palabra, la luz, es quien hizo todas las cosas; se hizo hombre y fue lleno de gracia y verdad.

Ahora Juan introduce otros testigos de Jesús: primero, Juan el Bautista y luego sus primeros discípulos. Vemos cómo ellos respondieron a Jesús y hablaron de él.

Versículos 19 a 34

En los vv. 6 a 8 Juan menciona que Juan el Bautista era testigo de la luz. Ahora agrega otros aspectos de su testimnio.

1 ¿Quién es Jesús, según lo que decía Juan el Bautista?

Cuando Juan habló del Cordero de Dios, utilizó un lenguaje que los judíos entendían bien. El sacrificio del cordero era una parte importante de su religión. Busquemos tres pasajes del Antiguo Testamento, donde se comprueba que el cordero tenía un profundo significado.

2 ¿Para qué servía el cordero, según los siguientes pasajes?

☞ Génesis 22:1-13

☞ Éxodo 12:3-13 y 21-23

☞ Isaías 53:6-10 (Es un caso especial, ya que habla del Señor Jesucristo en profecía)

Estos tres pasajes se unen para ayudarnos a entender cómo Jesús era el Cordero de Dios que quita los pecados del mundo. Regresamos, otra vez, al testimonio de Juan.

3 ¿Cómo llegó Juan el Bautista a saber quién era Jesús?

4 ¿Cómo describió Juan su propia misión?

5 ¿De qué manera Juan es un ejemplo que nosotros debemos seguir?

Vimos en Marcos como Jesús llamó a sus primeros discípulos, pero Juan agrega varios detalles importantes.

En este pasaje encontramos, en total, cinco de los discípulos de Jesús. Uno no es nombrado (vv. 35 y 40), pero los comentaristas piensan que es Juan el apóstol.

Lo interesante es cómo cada uno de ellos llegó a tener contacto con Jesús, por lo tanto ahora resumiremos esta información.

6 En la primera columna del cuadro de la siguiente página, coloque el nombre del discípulo de Jesús. En la segunda, el nombre de la persona que relacionó a ese discípulo con Jesús. Y en la tercera columna, la opinión (si hay) de ese nuevo discípulo en cuanto a Jesús.

7 ¿Cuál es la lección más importante que debemos aprender del ejemplo de los primeros discípulos de Jesús?

8 ¿Se fijó en la cantidad de títulos que se le dan a Jesús en este capítulo? Hay siete como mínimo. Búsquelos y haga una lista de ellos.

Si sólo tuviéramos este capítulo de Juan, conoceríamos mucho acerca de Jesús. Desde el principio de su libro, Juan destaca que Jesús merece nuestra lealtad y obediencia, y demuestra cómo la gente responde a él. Tampoco queda ninguna duda de la respuesta que Jesús espera de nosotros.

Juan 2

Juan dijo en 1:14:

Aquel que es la Palabra se hizo hombre y vivió entre nosotros, lleno de amor y verdad. Y hemos visto su gloria, la gloria que como Hijo único recibió del Padre.

A continuación comienza a explicar lo que ellos vieron. La primera escena de este capítulo tuvo lugar en la casa de un amigo y la segunda en la casa de Dios; en ambas comenzamos a comprender mejor a Jesús. Recordamos que:

☞ Galilea era la provincia, al norte de Palestina, donde Jesús desarrolló la mayor parte de su ministerio público.

☞ Capernaum era una ciudad principal de esa provincia que fue el "centro de operaciones" de Jesús.

Versículos 1 a 12

En aquel tiempo las fiestas de boda eran muy importantes y todas las ceremonias y celebraciones duraban varios días. Comían, bebían, bailaban y todos se regocijaban con la nueva pareja que se había formado.

Es importante notar que Jesús, el Hijo de Dios, accedió a asistir al festejo.

1 ¿De qué manera este hecho noS ayuda a saber cómo era Jesús?

El haberse quedado sin vino en la fiesta hubiera sido una vergüenza para el encargado de la misma, y María trajo la noticia a Jesús con la esperanza de conseguir su ayuda.

14

La respuesta de Jesús a María no demostró falta de respeto, sino que para los judíos de aquellos tiempos, era la manera aceptable de hablar con una mujer.

Para entender a qué se refiere Jesús en el v. 4, busque Juan 12:23, 13:1 y 17:1.

2 ¿A qué hora se refiere Jesús?

Note que Juan no dice que transformar el agua en vino era un milagro, sino una señal.

3 ¿Cuáles fueron los resultados de esta señal de Jesús?

Versículos 13 a 22

La Pascua era una de las fiestas anuales más importantes de los judíos. Celebraban la liberación de su pueblo de la esclavitud ocurrida centenares de años antes, y peregrinos de todo el país se juntaban en Jerusalén para festejarla.

Un aspecto de la fiesta que Juan menciona es la venta de animales apropiados para los sacrificios que los judíos de aquellos tiempos realizaban, y el cambio de monedas para las ofrendas.

Lo sorprendente, es la reacción de Jesús frente a lo que encontró en el templo.

4 ¿Por qué habrá reaccionado con tanta violencia?

5 Lo interesante es que ellos no se defendieron, ¿cuál pudo haber sido la razón?

Los judíos que preguntaron en el v. 18, seguramente, representaban a las autoridades. Ellos no entendieron la respuesta de Jesús acerca del templo, ni tampoco los discípulos. Sin embargo, estos lo entendieron luego.

6 ¿Por qué razón no lo entendieron al principio, pero sí más tarde?

Versículos 23 a 25

Juan dice en este pasaje que muchos creyeron en Jesús. Pero, aparentemente, Jesús no estaba satisfecho con su fe.

7 ¿Por qué motivo Jesús no confiaba en ellos?

8 Tomando en cuenta todo el capítulo, ¿qué aprendieron los discípulos acerca de Jesús en estos dos incidentes?

El v. 25 es importante: Jesús conoce todo lo que pensamos. No hay nada de lo que somos que él no comprenda. Entonces, si no podemos esconder nada, lo mejor es bajar las barreras y ser completamente honestos con él. Recuerde estas palabras que Jesús mismo dijo:

...a los que vienen a mí, no los echaré fuera.
(Juan 6:37)

Juan 3:1-15

Los variados encuentros entre Jesús y distintas personas en los evangelios, no solamente son relatos fascinantes, sino que también nos brindan claras explicaciones de lo que Dios quiere de nosotros. En Marcos vemos el caso del joven rico; ahora veremos el de un hombre recto y religioso. Los fariseos como Nicodemo, tenían fama de insistentes en la estricta observación de todos los detalles de la ley de Dios además de una cantidad grande de tradiciones.

1 ¿Qué opinaba Nicodemo de Jesús?

Es muy probable que Nicodemo haya ido a Jesús con una preocupación o una pregunta, aunque aparentemente no tuvo oportunidad de expresar esa preocupación, ya que Jesús le habló primero.

2 ¿Cuál pudo haber sido la preocupación o pregunta que tenía Nicodemo?

La afirmación de Jesús en el v. 3 es sumamente importante y a la vez un poco sorprendente.

3 Usted entiende bien el nacimiento físico, es decir, el primero; ¿qué sería entonces "nacer de nuevo"?

4 ¿Por qué Nicodemo no comprendió lo dicho por Jesús? (Tome en cuenta todo el pasaje)

Jesús dijo que para ver a Dios tenemos que nacer "de agua y del Espíritu". La referencia al agua no es fácil de entender. Algunas personas piensan que se refiere al nacimiento natural, en contraste con el espiritual. Otras creen que el agua se refiere a la Palabra de Dios, la Biblia y aún otras, que tiene relación con el bautismo de Juan el Bautista. De todos modos Jesús utilizó una figura que probablemente Nicodemo y los demás judíos podían entender.

Busque Ezequiel 36:25-27 en el Antiguo Testamento, un pasaje que Nicodemo conocería bien.

5 Según ese pasaje, ¿qué significa "nacer de agua"?

La referencia a "nacer del Espíritu" es más fácil, ya que Jesús en parte lo explica, y también porque vimos algo parecido en el primer capítulo.

6 ¿Cómo explicaría usted la frase "nacer del Espíritu"?

7 ¿Se fijó que en este pasaje Jesús acusó a Nicodemo y los demás fariseos? ¿Cuál era la acusación?

Para entender lo dicho en el v. 14, tenemos que buscar nuevamente en el Antiguo Testamento. Lea Números 21:4-9, donde encontramos el incidente al que Jesús se refirió.

8 ¿Qué lección podemos aprender del ejemplo de Moisés y la serpiente?

9 Dos veces en este pasaje Nicodemo preguntó: "¿Cómo puede ser ésto...?" Si Nicodemo viniera a usted con esta misma pregunta, ¿qué le respondería?

El nacer en la vida normal está fuera de nuestro control, pero no es así en la vida espiritual. Jesús insiste en que es necesario nacer de nuevo, o nacer "de arriba", según algunas versiones, si queremos ver a Dios. En un sentido, es algo que Dios hace solo (¿Recuerda Juan 1:12?), pero en otro sentido, depende de nuestra respuesta a él. Juan lo aclara mucho mejor en los siguientes capítulos de su evangelio.

Juan 3:16-36

Juan no nos dice aquí de qué manera respondió Nicodemo a Jesús, aunque según lo que dice Juan 19:38, 39 podemos llegar a la conclusión de que finalmente comprendió y confió su vida a él. En el pasaje que estudiaremos ahora, Juan sigue explicando el propósito de Dios al mandar a su Hijo a este mundo.

Versículos 16 a 21

1 ¿Qué dice este pasaje en cuanto a:

☞ los propósitos de Dios?

☞ la condición del hombre?

☞ Jesucristo?

☞ el deber del hombre?

2 Según este pasaje, ¿por qué juzga Dios a los hombres?

Versículos 22 a 30

Encontramos a Juan el Bautista por última vez en este evangelio. A diferencia de los otros evangelios, éste no nos cuenta su trágico fin (ver Marcos 6:14-29).

En esta discusión que Juan mantuvo con algunos judíos, él reconoce que toda la gente iba tras Jesús, aún sus propios discípulos.

3 ¿Qué razones dio Juan a este hecho?

4 Juan estaba perdiendo sus discípulos pero, sin embargo, dijo que su alegría era completa. ¿Por qué?

5 ¿Qué quiso decir Juan con las palabrasdel v. 30?

Versículos 31 a 36

Con estos versículos Juan da su propia conclusión a lo que vimos en este capítulo.

6 ¿En qué forma describe a Jesús?

7 ¿Qué es, entonces, lo que Dios quiere de nosotros?

Conclusión

El versículo 36 menciona un aspecto del carácter de Dios que generalmente preferimos evitar: su ira o castigo... pero es demasiado real. Dios no puede aceptar el pecado, la injusticia, la maldad, la desobediencia que hay en nosotros. Dios nos ama, pero odia todo aquello que está destruyéndonos. Dios nos enfrenta con dos alternativas: luz u oscuridad, vida o muerte, todo depende de lo que hagamos con su Hijo.

Juan 4

Veremos ahora un incidente que demuestra como el evangelio de Jesucristo atraviesa todas las barreras. Observamos, por un lado, que los judíos y los samaritanos estaban enemistados entre sí y por lo tanto no se trataban (v. 9); y por otro lado, no era correcto para un maestro judío hablar públicamente con una mujer (v. 27) y más aún si se trataba de un caso como el de esta mujer.

Dice el v. 4 que Jesús tenía que pasar por Samaria, aunque en un sentido esto no era cierto. Generalmente, los judíos que viajaban desde Judea a Galilea evitaban pasar por Samaria. Jesús debía hacerlo por otro motivo: encontrarse con esta mujer y cambiar su vida.

Versículos 1 a 42

1 Según este párrafo, ¿qué clase de mujer era la samaritana?

Era cerca del mediodía y Jesús se sentó al lado del pozo para descansar. Cuando le pidió agua, ella le respondió con la primera de una serie de preguntas que muestran cómo la comprensión de la mujer iba en aumento.

2 ¿Qué representa el "agua viva" que Jesús le ofreció?

Se ve que al principio la mujer le habló a Jesús con mucha incredulidad, pero luego, cambió de opinión.

3 ¿En qué momento de la conversación la samaritana cambió su opinión acerca de Jesús?

Es interesante ver cómo esta mujer, igual que mucha gente en la actualidad, trató de desviar el tema (v.20). Cuando Jesús le comenzó a hablar de su pecado, ella quiso iniciar una discusión acerca de la religión.

Los samaritanos tenían su propio templo en un monte cerca de Sicar. Por lo tanto, lo que Jesús le responde es importante, porque aclara que no hay un lugar especial donde tenemos que adorar a Dios, sino que debemos hacerlo "en espíritu y en verdad".

4 ¿Qué significa esto?

Hay un contraste inesperado entre este incidente y el de Nicodemo. Hubiéramos esperado que Nicodemo, el hombre piadoso, aceptara rápidamente la verdad acerca de Jesús, pero vimos que no lo comprendió. Mientras que esta mujer, tan pecadora, respondió al ofrecimiento de Jesús.

5 ¿Cuál es la diferencia entre estas dos personas que trae como consecuencia respuestas tan dispares frente a Jesús?

Juan narra cómo los samaritanos de Sicar también aceptaron que Jesús era el Salvador del mundo.

6 ¿Qué los llevó a esa conclusión?

Los discípulos habían ido al pueblo a comprar comida, y cuando regresaron al lugar donde Jesús estaba, se sorprendieron de encontrarlo hablando con la samaritana. Pero el Señor les dio una importante lección en los vv. 34 a 38.

7 ¿Qué quiso decirles cuando afirmó "los sembrados... ya están maduros para la cosecha"?

¿Se fijó que los discípulos habían pasado un buen tiempo en Sicar... y aparentemente no despertaron el interés de la población? En contraste, la mujer fue a la ciudad y la conmovió. De esta historia podemos sacar muchas lecciones para nosotros.

8 ¿Cuál ha sido la más importante para usted?

También en este pasaje hay lecciones importantes, pero nos limitaremos a hacer una sola observación. Juan dice dos veces que el oficial (o noble) creyó en Jesús.

9 ¿Cuál es la diferencia entre la fe que él tenía en el v. 50 y la del v. 53?

El v. 41 afirma un principio fundamental. Nosotros podemos contarle a usted acerca de Jesús, pero la verdadera fe viene cuando usted mismo tiene contacto con él y va creciendo en conocimiento. Por eso, le animamos no solamente a contestar las preguntas del cuaderno, sino también a tratar de conocer cada vez más a este Jesús que es el Salvador del mundo.

Juan 5

Jesús regresó nuevamente a Jerusalén, escena que ocupa la mayor parte de este evangelio. Veremos por primera vez en este capítulo la oposición creciente por parte de los líderes judíos que culminaría en la cruz.

Versículos 1 a 18

Entre la gente existía la creencia —o tal vez podemos llamarla superstición— de que un ángel bajaba al estanque y agitaba las aguas y el primer inválido que lograra introducirse en el agua, podía sanarse. Como consecuencia, en ese lugar había muchos enfermos esperando el movimiento del agua.

Cuando el Señor Jesús llegó allí, se fijó en uno de ellos y lo sanó.

1 ¿Por qué habrá escogido a este paralítico entre muchos enfermos?

Es importante recordar que para los judíos estrictos estaba prohibido realizar cualquier trabajo el sábado, incluyendo llevar una camilla (o lecho).

Si pensamos de nuevo en este hombre, vemos en él un cambio, no solamente físico, sino también en su actitud y en su fe.

2 ¿Qué cambios observamos en el hombre?

Como lo mencionamos anteriormente, en este capítulo vemos los comienzos de la oposición a Jesús.

3 En base a este relato, ¿por qué motivos perseguían a Jesús?

Versículos 19 a 29

Observe cómo comienza el v. 19. Estas enseñanzas de Jesús son la respuesta que él da a las acusaciones de los judíos.

Una de sus acusaciones era que Jesús no sólo permitía trabajar el sábado, sino que aún él mismo trabajaba.

4 ¿De qué manera Jesús contestó esa acusación en este párrafo?

Otra acusación era que Jesús se hizo igual a Dios. Esta queja la encontraremos en Juan varias veces.

5 Repase, nuevamente, este párrafo:

☞ ¿En qué aspectos Jesús era igual al Padre, es decir, que tiene la misma autoridad y poder?

☞ ¿En qué aspectos Jesús se ha sometido al Padre y ha tomado una posición de menos autoridad?

Las Escrituras del Nuevo Testamento son unánimes en afirmar que todo lo que Dios es, se encuentra en Jesucristo. Ya lo vimos en Juan 1:1. Pero igualmente están de acuerdo en que Jesús se ha sometido al Padre para cumplir la obra de nuestra salvación. Filipenses 2:6 a 11 es un hermoso ejemplo de esta última enseñanza. Los judíos no podían comprender todo esto y reaccionaron en contra de Jesús.

En este pasaje Jesús también habla de la vida que nos ofrece.

6 Según Jesús, ¿cómo podemos conseguir esa vida?

Versículos 30 a 47

En esta sección, Jesús afirma que él no es el único que da testimonio de sí mismo. Dijo, con toda razón, que su propio testimonio no sería suficiente (v. 31).

7 Según este pasaje, ¿cuáles son los otros testigos de la autoridad de Jesús?

☞

☞

☞

☞

☞

8 Los judíos podían ver toda esa evidencia, sin embargo, rechazaron a Jesús. ¿Por qué?

Las últimas palabras de Jesús en este capítulo son fuertes. ¿Cómo podemos tener vida si no escuchamos lo que Dios quiere decirnos? El problema del hombre desde los días de Jesús ha sido siempre el mismo: no la falta de evidencias acerca de Jesús, sino la falta devoluntad para obedecer lo que Dios nos ha dicho claramente.

9 ¿Se fijó en las tres promesas de v. 24? Anótelas aquí.
☞

☞

☞

Juan 6

El capítulo seis es muy largo, por lo tanto, limitaremos nuestro estudio a la parte que no está en los otros evangelios, es decir, los vv. 25 a 71.

Versículos 25 a 59

No debemos olvidarnos que este incidente tuvo lugar muy poco tiempo después de la alimentación de los cinco mil que encontramos en los vv. 1 a 15.

1 De los vv. 22 a 24 vemos que la gente se esforzó para encontrar a Jesús pero, sin embargo, su interés parece solamente superficial.

☞ ¿Por qué?

☞ ¿Pasa lo mismo hoy?

2 Según Jesús, ¿qué es lo que debemos hacer para agradar a Dios?

3 En este pasaje, Jesús menciona tres clases distintas de pan. ¿Cuáles son?

El "maná" del cual habla el v. 31 era el alimento especial que Dios dio a los israelitas mientras vagaban en el desierto durante los 40 años antes de que entraran y tomaran posesión de Palestina. Su nombre significa "¿Qué es esto?" y proviene de Exodo 16:4, 15 y 31.

4 ¿Por qué Jesús se llamó a sí mismo "el pan de vida"? ¿Qué signfica ese título?

5 ¿Qué nos ofrece Jesús en este pasaje?

6 ¿Implica el v. 35 que siempre hemos de estar satisfechos y contentos si seguimos a Jesús?

Vemos que los judíos se ofendieron por lo que Jesús dijo y comenzaron a murmurar contra él.

7 ¿Por qué?

Juan dice que muchos dejaron a Jesús y ya no lo seguían más. Según ellos, sus palabras eran muy duras.

8 ¿Por qué no lo dejaron también los 12 discípulos?

La decisión más importante de la vida es "¿Qué hago con Jesús?". Es una decisión difícil, porque la respuesta afecta toda nuestra vida. Muchos dicen que no están dispuestos a "perder" su vida y seguir a Jesús, pero no se dan cuenta que de esa manera la pierden realmente.

Pero para los que lo buscan con sinceridad, queda en pie la promesa del v. 37. Léalo nuevamente, ya que se aplica a nosotros también.

Juan 7

La escena de este capítulo se desarrolla en una de las principales fiestas anuales de los judíos, la de "los tabernáculos", o de "las enramadas". Recibe su nombre por la obligación que tenía todo israelita de vivir en chozas hechas con ramas durante la semana de la fiesta. Se celebraba al final de las cosechas.

Versículos 1 a 9

Hasta cierto punto, lo dicho por los hermanos de Jesús en el v. 4, era razonable. Sin embargo, podemos ver claramente en los evangelios que Jesús no hizo ninguna campaña de publicidad. Al contrario, repetidas veces dijo a sus discípulos y a los demás, que no dijeran nada acerca de él.

1 ¿Cual habrá sido la razón de esa actitud?

2 Dos veces se menciona el "mundo" en este pasaje.
☞ ¿A qué se refería Jesús al hablar del "mundo"?

☞ ¿Por qué el mundo odia a Jesús?

Versículos 10 a 24

Jesús fue a la fiesta, pero quiso pasar inadvertido hasta el momento apropiado.

Juan dice que cuando Jesús comenzó a enseñar a la gente en el templo, todos quedaron impresionados.

3 ¿Por qué?

Vemos también que la opinión de la gente en cuanto a Jesús estaba dividida.

4 Según Jesús, ¿qué condición deberían cumplir para saber si lo dicho por él era cierto o no?

Versículos 25 a 31

En el relato de este capítulo leemos que en la ciudad había un gran alboroto por causa de Jesús. La gente tenía muchas preguntas, y cada cosa que Jesús decía aumentaba la controversia.

Versículos 32 a 36

Juan menciona más de una vez que algunos querían tomar preso a Jesús, pero que "todavía no había llegado su hora" (v. 30). Esta vez los fariseos mandaron miembros de la guardia del templo para arrestarlo.

Los judíos no podían comprender lo dicho por Jesús en el v. 34.

5 ¿Cómo contestaría usted a la pregunta del v. 36?

Versículos 37 a 39

De nuevo Jesús utilizó la figura del agua cuando habló con la gente.

6 ¿De qué manera debe manifestarse en nosotros la experiencia que se describe en el v. 38?

Versículos 40 a 44

Este pasaje muestra algo más de la confusión que existía acerca de Jesús.

7 Haga una lista de las ideas equivocadas que tenía la gente en cuanto a Jesús, en todo el capítulo.

Versículos 45 a 52

8 En base a este pasaje, ¿qué pensaban de Jesús:

☞ los guardianes del templo (alguaciles)?

☞ los fariseos?

☞ Nicodemo?

Conclusión

Generalmente consideramos que una división entre la gente no es conveniente, sin embargo, Jesús la creó. Busque Lucas 12:51 a 53 donde el afirmó que vino precisamente para hacerla.

9 ¿Qué piensa usted de este resultado de la venida de Jesús? ¿Es correcto, lamentable, incorrecto?

Juan 8:1-30

Este capítulo es importante por lo que nos enseña acerca de Jesucristo, y también por lo que aprendemos de nosotros mismos. Una de sus palabras claves es "pecado". En los capítulos anteriores esta palabra aparece una sola vez (1:29); en este, 5 veces.

Versículos 1 a 11

Observe que los fariseos crearon esta escena para atrapar a Jesús. Seguramente esperaban oirle decir algo que fuera contrario a la ley de Moisés (a la que hacen referencia en el v. 5).

1 ¿Cuál fue la actitud de Jesús hacia esa mujer? ¿Aprobó lo que ella había hecho? Si no es así, ¿por qué no la condenó?

2 En toda esta escena, ¿qué enseño Jesús:

☞ a los fariseos?

☞ a la mujer?

Versículos 12 a 20

Nuevamente aquí Jesús utiliza una figura que ya hemos encontrado en Juan: "la luz".

3 Busque los dos pasajes anteriores donde Juan habló de ella. ¿Qué aprendemos de la luz en cada pasaje?

☞ Primer pasaje:

☞ Segundo pasaje:

4 Explique en sus propias palabras la protesta de los fariseos en contra de Jesús.

Jesús dio por lo menos dos razones de por qué el juicio de los fariseos no tenía valor.

5 ¿Cuáles son?

Versículos 21 a 30

Por segunda vez Jesús les dijo a los judíos que lo iban a buscar pero no lo encontrarían, ni tampoco podrían seguirlo. También les explicó el por qué no podrían estar con él.

6 ¿Qué enseñó Jesús en todo este pasaje acerca de:

☞ su origen?

☞ su fin?

☞ nosotros mismos?

7 ¿Contestó Jesús realmente la pregunta de los fariseos en el v. 25? Explique.

8 ¿Qué significa la frase *cuando ustedes levanten en alto al Hijo del hombre...* (v. 28)?

Conclusión

Dos veces en este pasaje Jesús habló de sí mismo como "yo soy" o según algunas versiones "yo soy el que soy" (vv. 24 y 28). Muchas veces se compara esta frase con Exodo 3:13 a 15.

9 ¿Qué relación puede haber entre estos dos pasajes?

Juan 8:31-59

Aunque los fariseos seguían discutiendo con Jesús, vemos al final de la sección anterior que muchas personas del pueblo creyeron en él. Comenzamos esta lección con las instrucciones de Jesús para aquellas personas.

En el v. 33 los judíos apelaron a Abraham, diciendo que descendían de él; y en realidad era así, ya que Abraham fue el primer judío. Vemos en el Antiguo Testamento que Dios lo había llamado como 2000 años antes, y le prometió que sus descendientes formarían un pueblo importante. En el sentido racial, Abraham fue el "padre" de los judíos.

Versículos 31 a 38

1 En base a este pasaje, explique:

☞ ¿Qué es un verdadero discípulo?

☞ ¿Cuándo somos esclavos, en el sentido espiritual?

☞ ¿Cuando somos libres, en el sentido espiritual?

La reacción de los judíos en el v. 33 no fue demasiado correcta. En ese momento ellos vivían sometidos a una potencia extranjera, al Imperio Romano, y el pueblo anhelaba recobrar su libertad.

2 Piénselo. ¿Es posible ser esclavo de algo o de alguien sin darse cuenta? Si cree que sí, explíquelo con un ejemplo.

3 ¿Qué quiere decir el v. 35?

Versículos 39 a 47

En el v. 33, y otra vez en este pasaje, vemos que los judíos protestaron contra Jesús diciendo que eran hijos de Abraham.

4 ¿Cómo desmiente Jesús lo que ellos afirmaban en cuanto a que eran los verdaderos hijos de Abraham?

5 Un tema importante de este pasaje es el parentezco espiritual. ¿Cómo podemos distinguir entre un hijo de Dios, y un hijo de Satanás?

6 La pregunta y respuesta de Jesús en el v. 43 son importantes. Vemos que todos estaban escuchándolo. ¿Por qué, entonces, dijo que noquerían o no podían escucharlo?

Versículos 48 a 59

En el capítulo 4 observamos la enemistad que existía entre judíos y samaritanos; llamarle "samaritano" a un judío era un verdadero insulto. Así vemos que cuando las acusaciones de Jesús llegaron a ser demasiados fuertes para sus oyentes, comenzaron a insultarlo. La respuesta de Jesús se basó en sus afirmaciones en cuanto a Abraham.

7 ¿Qué quería decir Jesús en el v. 58?

La reacción de los judíos fue violenta, pero entendemos la actitud de ellos cuando leemos Levítico 24:15 y 16.

8 Según este pasaje, ¿cómo entendieron los judíos esas palabras de Jesús?

Conclusión

Hemos visto en esta lección de qué manera un grupo de personas que habían creído en Jesús, al final trataron de matarlo.

Pero lo importante para nosotros es que Jesús hace hoy el mismo llamado, es decir, busca verdaderos discípulos.

9 ¿Por qué tantas personas a nuestro alrededor saben acerca de Jesucristo y lo fundamental de la enseñanza cristiana, pero sin embargo, son pocos los discípulos de Jesucristo?

Juan 9

Todo este capítulo trata de un solo incidente y sus consecuencias: la curación de un hombre ciego. El tema principal es la ceguera, no tanto física, sino espiritual. No hay nadie tan ciego como el que no quiere ver.

El v. 22 menciona la sinagoga; este era el lugar de reunión para los judíos. Había un solo templo en Jerusalén, pero existían muchas sinagogas. Ser expulsado en aquel día, era equivalente a ser excomulgado de la iglesia actual.

Ya que el capítulo trata un solo incidente, no lo dividiremos como lo hicimos en las lecciones anteriores.

Jesús podía haber sanado al ciego mencionando una sola palabra, sin embargo, realizó todo un proceso, narrado en los versículos 6 y 7.

1 ¿Por qué?

2 ¿Cómo reaccionaron ante la curación del ciego:

☞ los vecinos?

☞ los fariseos?

☞ sus padres?

Los fariseos representaban a los hombres mejor educados del pueblo, además de ser los doctores en teología. Estar frente a ellos era como estar frente a un juzgado de obispos.

3 ¿Cómo pudo el hombre responder, frente a ellos, con tanta confianza?

4 En base a todo lo que dijo el ciego, ¿qué reconoció acerca de Jesús?

5 Explique el significado de las palabras del Señor en el v. 39.

6 Fíjese en la pregunta del v. 40. ¿Cómo demuestra este capítulo que ellos realmente eran ciegos?

7 ¿Cuál es la lección más importante que encontramos para nosotros en el ejemplo de:

☞ los fariseos?

☞ el ciego?

Juan 10

En este capítulo encontramos una nueva figura que nos ayuda a comprender mejor al Señor Jesús: la del pastor. Cada una de estas figuras que se presentan en el evangelio son como distintas facetas de una joya. Cada una refleja un poco el resplandor de su persona, y en conjunto, vemos esa gloria de la cual Juan habló en Juan 1:14.

Versículos 1 a 6

1 Según esta parábola, ¿qué características tiene:

☞ el falso pastor?

☞ el verdadero pastor?

Versículos 7 a 21

Aunque el título para este pasaje dice "Jesús, el buen pastor", Jesús comienza a hablar utilizando otra figura, la puerta.

2 ¿De qué manera podemos comparar a Jesús con una puerta?

San Juan

6 Note el v. 25. ¿Cuándo, anteriormente, Jesús les había dicho que era el Mesías?

7 ¿Qué nuevos aspectos aprendemos en este pasaje en cuanto a las ovejas de Jesús y cómo reconocerlas?

Según el v. 31, es la segunda vez que los judíos tenían intenciones de matar a Jesús. ¿Recuerda que lo quisieron hacer anteriormente?

8 En esta oportunidad la razón era que Jesús quiso "hacerse Dios a sí mismo". ¿Por qué motivo querían matarle la primera vez?

El argumento de Jesús en los vv. 34 y 35 no es fácil. En el v. 34 hace referencia a un dicho que se encuentra en el Salmo 82, donde Dios habló con cierta ironía a los líderes de Israel.

9 ¿Qué razones dio Jesús para que creyesen que el era el Hijo de Dios?

Conclusión

10 En base a todo este capítulo, ¿qué ofrece el buen pastor a quienes son sus ovejas?

Juan 11

Los evangelistas narran más de una vez como Jesús resucita a distintas personas, y seguramente no relatan todos los casos. Juan menciona en su evangelio solo siete milagros de Jesús, y este último es, sin duda, el culminante. La resurrección de Lázaro tuvo consecuencias importantes en el pueblo.

Versículos 1 a 16

En 10:40 Juan dijo que Jesús había regresado al otro lado del río Jordán, probablemente a un lugar llamado Betábara, o según algunas versiones, Betania. Estaba a un día de viaje del pueblo donde vivía Lázaro.

1 En el v. 4 vemos la reacción de Jesús ante la noticia de la enfermedad de Lázaro. Anteriormente en este evangelio Jesús dijo algo parecido. ¿Puede dar la referencia?

2 Explique la aparente contradicción que existe entre los vv. 5 y 6.

3 ¿Por qué los discípulos tenían miedo de ir a Betania?

Versículos 17 a 27

Debemos considerar que transcurrió mucho tiempo entre la llegada del mensajero, la demora de Jesús y el viaje de Jesús y los discípulos a Betania. Según Marta, Lázaro hacía ya cuatro días que había muerto.

4 ¿Cómo demostró Marta con sus palabras en los vv. 21, 22 y 24 que todavía no comprendía el poder de Jesús?

Versículos 28 a 37

5 Si Jesús sabía que iba a levantar a Lázaro ¿Por qué lloró?

6 ¿La pregunta del v. 37 es de fe, o de duda? Explique su respuesta.

Versículos 38 a 44

7 Aparentemente, Jesús casi nunca oraba públicamente antes de hacer un milagro. ¿Por qué lo hizo en esta oportunidad?

Versículos 45 a 57

Como hemos visto anteriormente en el evangelio, este milagro provocó reacciones muy contrarias. Muchos respondieron con fe, pero los líderes estaban cada vez más preocupados.

8 Seguramente Caifás no se dio cuenta que sus palabras en los vv. 49 y 50 eran una profecía. ¿Cuál fue entonces su intención al decir esto?

Conclusión

9 Mirando de nuevo todo el capítulo:
☞ ¿Cuál es su enseñanza principal?

☞ ¿Cuál será el versículo clave?

La escena de la resurrección de Lázaro está llena de emoción. ¿Por qué Jesús estaba tan profundamente conmovido? ¿Cómo se habrá sentido Lázaro al darse cuenta de que lo habían sepultado cuatro días antes? ¿Qué habrán sentido los observadores de este incidente? Al meditar sobre este relato nos confrontamos con dos temas fundamentales: la vida y la muerte.

Juan 12

Con el capítulo 12 terminamos el ministerio público de Jesús. Juan relata como Jesús entró por última vez a Jerusalén, y narra algunos de los últimos discursos que dio a la multitud que lo seguía.

Versículos 1 a 8

El valor del denario era equivalente al sueldo de un día de trabajo de un obrero común. Por consiguiente, los 300 denarios para muchos significaba el ingreso de todo un año.

1 ¿Por qué María derramó ese perfume sobre Jesús?

Versículos 9 a 19

El v. 16 dice que los discípulos no comprendieron el significado de esta escena hasta un tiempo después.

2 ¿Qué debían haber entendido?

Versículos 20 a 26

La petición de estos griegos implica que la influencia de Jesús ya se había extendido más allá de Palestina. Para Jesús, esto marcaba la terminación de una etapa de su ministerio, y el comienzo de otra.

3 Explique el v. 24.

4 Explique el v. 25.

Versículos 27 a 36

En varias ocasiones cuando Jesús habló de su muerte, mostró dos cosas: horror frente a lo que le esperaba, y un deseo profundo de cumplir los propósitos del Padre. Según el v. 32 él ya sabía de qué forma habría de morir.

5 Observe el v. 31.

☞ ¿De quién habló Jesús aquí?

☞ ¿Qué hemos aprendido de este personaje en capítulos anteriores?

Jesús utiliza nuevamente la figura de la luz.

6 ¿Qué significa para nosotros "andar en la luz"?

Versículos 37 a 43

Aquí Juan hace su propio comentario acerca de por qué mucha gente no respondía positivamente a Jesús.

7 Según este pasaje, ¿cuáles eran las causas que impedía a la gente confiar en Jesús?

Versículos 44 a 50

8 ¿Qué dicen estos versículos en cuanto a:

☞ quién es Jesús?

☞ el juicio?

Conclusión

9 En estos 12 capítulos hemos visto muchos aspectos de la persona de Jesús y su obra. En forma de resumen de lo que Juan ha narrado, explique:

☞ ¿Quién es Jesús?

☞ ¿Con qué propósito vino?

Juan 13

Comenzamos ahora una larga sección dedicada al último encuentro, antes de su muerte, entre Jesús y sus discípulos. Un diálogo íntimo, a veces inquietante, que revela mucho acerca de nuestro Señor y sus propósitos para nosotros. Juan no menciona detalles en cuanto a la cena misma, estos los podemos ver en los otros evangelios.

Versículos 1 a 20

1 ¿Por qué Pedro reaccionó de una manera tan fuerte en el v. 8?

2 En general, ¿cuál es la lección principal que los discípulos tendrían que haber aprendido de este incidente?

En nuestros días los cristianos no acostumbran a lavarse los pies unos a otros, tal vez porque ya no es tan necesario.

3 ¿De qué otras maneras, entonces, podemos cumplir el v. 25?

Versículos 21 a 30

El dar un pedazo de pan mojado en salsa era una acción de apreciación, de amistad. Seguramente Jesús lo hizo para que Judas reflexionara sobre lo que intentaba hacer.

4 Pensando en todo el párrafo, ¿por qué Judas habrá traicionado a su Señor?

Versículos 31 a 35

Con la salida de Judas, comienza la parte más importante e íntima de la conversación.

5 Jesús dijo que ellos iban a ver su gloria.

☞ Busque el significado de "gloria" en un diccionario.

☞ ¿Qué quería decir Jesús con esas palabras?

Jesús dijo en el v. 34 que les daba un mandamiento nuevo, aunque en realidad no era tan nuevo, porque Dios ya lo había exigido en el Antiguo Testamento (Levítico 19:18).

6 ¿Por qué, entonces, era nuevo para los discípulos?

Versículos 36 a 38

7 Observe lo que Pedro dijo en el v. 37.
☞ ¿Le parece que fue sincero?

☞ ¿Por qué fracasó?

Conclusión

8 ¿Qué hubiera sentido usted, estando presente entre los discípulos, cuando Jesús les lavó los pies?

Juan 14

En varias oportunidades Jesús les dijo a sus discípulos que se iba. Parece que no lo comprendían, sin embargo él les continuaba explicando lo que Dios preparaba para ellos.

Versículos 1 a 14

1 ¿Por qué causa estaban preocupados los discípulos? (v. 1)

Aunque Jesús es quien predomina en estos versículos, dos veces los discípulos intervienen con sus preocupaciones.

2 Si usted tuviera que responder a la pregunta de Tomás en el v. 5, ¿qué le diría?

3 ¿Qué es lo que Felipe no comprendía al hacer la petición del v. 8?

4 ¿Cómo explica usted el v. 12?

En estos capítulos Jesús habla varias veces acerca de la oración, destaca aquí la necesidad de orar "en su nombre".

5 ¿Qué significa esto?

Versículos 15 a 31

Este pasaje es importante por lo que nos enseña acerca del EspíritU Santo. Léalo varias veces.

6 En base a estos versículos responda:

☞ ¿Qué relación hay entre Jesús y el Espíritu Santo? ¿Son completamente independientes, son la misma persona? ¿Cuál es su relación?

☞ Explique también la relación entre el Espíritu Santo y nosotros.

7 ¿Cómo contestaría usted la pregunta del v. 22?

En este pasaje Jesús habla tres veces de nuestro amor hacia él. Sin ninguna duda, debemos amarlo.

8 ¿Cómo podemos demostrar que realmente lo hacemos?

Jesús prometió darnos su paz, y dijo que es una paz muy distinta a la que el mundo conoce.

9 Explique la diferencia entre la paz que da Jesús, y la que da el mundo.

Conclusión

En este capítulo Jesús habló varias veces del Padre, del Espíritu Santo y de sí mismo.

10 En base a lo que dice:

☞ ¿Qué evidencias indican que los tres son una sola persona?

☞ ¿Qué evidencias indican que los tres son personas distintas?

Juan 15

El capítulo comienza con una nueva figura que explica varios principios fundamentales de la vida cristiana; termina advirtiendo a los discípulos acerca de la oposición que les esperaba por parte del mundo sin Dios.

Versículos 1 a 17

1 El fruto de la vid es la uva. Si Cristo es la vid, y los cristianos son las ramas, ¿cuál será el fruto?

2 Según esta figura de la vid:
☞ ¿Por qué tenemos que dar fruto?

☞ ¿Qué hará Dios con nosotros si damos fruto?

☞ ¿Qué hará si *no* damos fruto?

3 En resumen, ¿qué debemos hacer para tener una vida fructífera para Dios?

4 Explique por qué Jesús no les dice "mis siervos" a sus discípulos.

5 Varias veces en estos versículos Jesús dice que debemos guardar sus mandatos. Según este párrafo, ¿qué son esos mandatos?

Versículos 18 a 27

6 Jesús trajo con su venida salvación al mundo. Pero a la vez su venida resulta de juicio para muchos.

☞ ¿Qué versículos hablan de ese juicio?

☞ ¿Por qué quedan culpables de pecado?

Como anuncia el subtítulo de esta sección en nuestras Biblias, las consecuencias de ser discípulo de Jesucristo no son siempre positivas. Jesús les advierte aquí acerca de la oposición que recibirían por parte del mundo, es decir, de las personas que no obedecen a Dios.

7 ¿Por qué la gente del mundo nos odiará si somos seguidores de Jesús?

8 ¿Cómo pueden los discípulos de Jesús tener el gozo del cual habla el v. 11 si el mundo los odia y persigue?

Conclusión

Jesús manda que nos amemos los unos a los otros. En realidad, el amor debe ser una de las características principales de la iglesia de Cristo. Entre sus miembros debe existir un amor mucho más profundo y real que el que existe entre amigos en el mundo.

9 ¿Por qué?

Juan 16

Este capítulo continúa con la última parte de la charla final de Jesús con sus discípulos. En un sentido, eran sus palabras de despedida antes de su muerte, ya que no habló más con ellos hasta que "todo se había cumplido".

Versículos 1 a 16

1 Explique el v. 1.

2 Jesús dijo que sería una ventaja para ellos que él se fuera. ¿Por qué?

3 ¿Qué obra haría el Espíritu Santo en:
   los discípulos de Jesús?

☞ el mundo?

Versículos 17 a 24

4 Observe los vv. 18 y 19, y escriba su respuesta a esa
preocupación de los discípulos.

Versículos 25 a 33

5 Jesús concluye diciendo "yo he vencido al mundo" (v. 33).
¿Cómo podía decir esto cuando dentro de pocas horas tendría
que sufrir una muerte horrible en manos de sus enemigos?

Repaso

Con estas tres últimas lecciones hemos pensado en varios
aspectos de esta charla final de Jesús con sus discípulos. Y como él
repitió más de una vez, les decía estas cosas "para que, cuando
llegue el momento, se acuerden de que yo se lo había dicho ya". (Juan

16:4)

Como último ejercicio de esta lección, vamos a resumir algunos de los puntos más importantes que Jesús les mencionó.

6 ¿Cuáles son los principales aspectos de la enseñanza de Jesús en los capítulos 14 a 16 en cuanto a:

☞ su propio futuro inmediato?

☞ el futuro inmediato de sus discípulos?

☞ de sí mismo, es decir, su persona?

☞ la oración?

☞ la persecución?

☞ el Espíritu Santo?

☞ la victoria?

Juan 17

Podemos decir que este capítulo es único ya que está compuesto totalmente por una oración de Jesús. El intercede por sus discípulos de ese momento, y también por quienes lo serán en el futuro.

Aunque en nuestra Biblia el capítulo no tiene divisiones, para estudiarlo vamos a dividirlo en tres secciones, según el tema principal que Jesús trata en cada párrafo.

Versículos 1 a 5

La primera parte de la oración tiene que ver con él mismo.

1 ¿Qué significa la petición del v. 1?

2 La vida eterna es mucho más que existir para siempre. Explique, entonces, en qué consiste esa vida.

Versículos 6 a 19

En esta parte de su oración, Jesús intercede por sus discípulos, los que le habían seguido durante tres años.

3 Según esta oración, ¿cuáles son las cosas que Jesús ya había hecho en favor de sus discípulos?

4 ¿Cuáles son las cosas que pide al Padre por ellos?

5 Explique cuál debe ser la relación entre los discípulos y el mundo.

Versículos 20 a 26

Jesús habla ahora de los que llegarían a ser sus discípulos más tarde, es decir, los que siguen a Jesús hoy en día.

6 ¿Cuántas veces pide Jesús que haya unidad entre los creyentes?

7 ¿Cómo debe ser esa unidad?

8 ¿Qué resultados debe producir esa unidad?

Conclusión

¿Observó que Jesús oró también por usted, si es que usted es su discípulo? Lea nuevamente la petición de Jesús por sus discípulos en los vv. 20 a 26.

9 ¿Qué aspectos de esta oración se han cumplido en su vida?

Juan 18

Este capítulo narra brevemente los aspectos principales del arresto y juicio de Jesús. Es una historia sombría, y sentimos indignación frente a la injusticia reinante en todo el proceso. Pero como dijo Jesús a los judíos: "...ésta es la hora de ustedes, cuando domina la oscuridad." (Lucas 22:53)

Versículos 1 a 14

Judas guió al grupo armado hasta el jardín de Getsemaní, donde Jesús solía ir con sus discípulos.

1 La reacción de los soldados es sorprendente. ¿Qué les sucedió?

2 ¿Por qué cuando Pedro quiso defender a Jesús, él se lo impidió?

Versículos 15 a 18 y 25 a 27

Juntaremos los dos párrafos que hablan de la negación de Pedro. Observe el contraste entre el v. 10, y la conducta de Pedro en estos versículos.

3 ¿Cómo explica usted su proceder en estos últimos versículos?

Versículos 19 a 24

Los evangelios hablan de dos juicios, uno "religioso" y otro civil. Juan da menos detalles que los otros eVangelios acerca del juicio frente al sumo sacerdote; en cambio, ofrece una presentación mucho más amplia del juicio civil.

4 Cuando el sumo sacerdote lo interrogó, ¿le contestó realmente o no? Explique.

.

Versículos 28 a 40

Finalmente llevan a Jesús al Pretorio (casa del gobernador) para ser juzgado frente a Pilato, el gobernador romano.

5 ¿Qué versículo de este pasaje explica por qué tenían que llevar a Jesús ante el poder civil?

Juan no especifica cuál fue la acusación que le hicieron frente a Pilato, sin embargo, leyendo este párrafo uno se da cuenta de qué se trataba.

6 ¿Cuál fue, aparentemente, la acusación?

7 ¿Qué evidencia encontramos de que Pilato no quiso condenar a Jesús?

Conclusión

8 ¿En qué momentos de este capítulo vemos la injusticia de los hombres?

9 ¿En qué momentos de este capítulo vemos la gloria del Hijo de Dios (Juan 17:1)?

Juan 19

¡Ahí tienen a este hombre! Con estas palabras Pilato, frente a la multitud, presenta a Jesús. ¿Quién imaginaría que a esa hora, en ese momento, se estaba jugando el futuro de toda la humanidad? Vemos aquí el odio desenfrenado de la multitud y los soldados, y la calma majestuosa del Hijo de Dios frente a la tarea culminante de su misión en la tierra.

Versículos 1 a 16

1 Observe el v. 4. Si Pilato creía que Jesús no era culpable, ¿por qué no lo soltó?

2 Los judíos hacían referencia en el v. 7 a una ley citada en Levítico 24:16. ¿De qué habla esa ley?

3 Aparentemente Pilato tiene aquí la máxima autoridad, pero en este pasaje se nos indica quién controla realmente la situación. ¿Puede señalar el versículo?

No sabemos qué forma tenía la cruz de Cristo. A veces ellas eran en forma de "X", otras de "T". Cualquiera fuera ésta, era una manera lenta y cruel de ejecutar a un criminal.

Muchas veces ponían un título en la cruz indicando la acusación contra la persona ejecutada. Así hizo Pilato en el caso de Jesús.

4 ¿Por qué los judíos decían que estaba mal ese título?

5 ¿Por qué esta vez Pilato no les hizo caso?

6 Explique cuál era el deseo de Jesús en los vv. 26 y 27.

7 ¿Qué significan las palabras del Señor en el v. 30?

Versículos 31 a 37

La muerte por crucifixión normalmente era una muerte lenta. Estar colgado de los brazos, impedía la respiración. Pero las víctimas podían aliviar la tensión de sus brazos y pechos empujando con sus pies, y así soportar mejor su peso.

Quebrar las piernas del crucificado (v. 32) era una manera de asegurarse que su muerte sería rápida. Cuando los soldados les quebraban las piernas en forma violenta con una maza, esa misma violencia, sumada a la imposibilidad de una correcta respiración, aceleraba la muerte por asfixia.

Varias veces en el relato de la crucifixión (vv. 17 a 37) Juan menciona algunos aspectos que fueron el cumplimiento de una profecía del Antiguo Testamento.

8 Anote esas citas de Juan en el cuadro, y también las que se cumplieron del Antiguo Testamento.

Cita de Juan.	Cita del Antiguo Testamento

Versículos 38 a 42

Nos damos cuenta de que se necesitaba cierta valentía para ir a pedir el cuerpo de Jesús. Sin embargo, vemos que José y Nicodemo lo hicieron, a pesar de que eran "discípulos secretos" de Jesús.

9 ¿Le parece correcta la actitud de ser discípulo secreto; o hubiera sido mejor mostrarse abiertamente y enfrentar las consecuencias?

Conclusión

Hay un bello pasaje del Antiguo Testamento que describe la crucifixiónde Jesús siglos antes de que ocurriera.

10 Busque el capítulo 53 de Isaías. ¿Qué aspectos mencionados por Isaías se cumplieron al pie de la letra en la crucifixión de Jesús?

Juan 20 y 21

Uniremos en esta lección los dos capítulos que hablan de la resurrección de Jesús. Pablo dice con mucha certeza en una de sus cartas que si Cristo no resucitó, nuestra fe no vale para nada. Si decimos que la cruz de Cristo es el momento crucial del evangelio, podemos afirmar que la resurrección es su culminación.

Capítulo 20

1 ¿Cómo nos demuestra este capítulo que los discípulos no esperaban la resurrección?

La primera persona en ir a la tumba, y también la primera en ver al Señor no fue un apóstol, sino una mujer. Fue su noticia la que llevó a Pedro y al otro discípulo (v. 3, probablemente Juan) a la tumba.

2 ¿Qué vio el "otro discípulo" y creyó? (Note el contraste con Juan 11:44)

3 ¿Estaban los discípulos realmente convencidos de la resurrección de Jesús? ¿Por qué?

4 ¿Qué base tenemos nosotros para estar plenamente convencidos de que Jesús resucitó?

5 ¿Qué significan las palabras de Jesús en Jn 20:21?

Capítulo 21

En estos dos capítulos Juan comenta varios de los encuentros entre Jesús y sus discípulos después de la resurrección.

6 En base a estos dos capítulos:

☞ ¿Qué evidencias nos indican que el cuerpo resucitado de Jesús era como el nuestro?

☞ ¿Qué evidencias hay de que su cuerpo era diferente?

El escenario del capítulo 21 es el lago de Tiberias, otro nombre que se le daba al lago de Galilea. El personaje central (aparte de Jesús) es Pedro.

7 ¿Qué significa la insistencia del Señor con la misma pregunta?

8 ¿Qué es lo que el Señor esperaba de parte de Pedro como una demostración de su amor?

9 ¿Cómo aplicamos el v. 22 a nuestras vidas?

Conclusión

¡Jesús vive! Este ha sido el grito de victoria de la iglesia durante siglos. Pensemos más a fondo en la naturaleza de la resurrección de Jesús, comparándola con la de Lázaro.

10 ¿Qué diferencias básicas hay entre la resurrección de Jesús y la de Lázaro?

Conclusión

Juan explica en 20:30,31 el propósito de su evangelio. Según estos versículos, y 21:25, Jesús hizo *mucho* más de lo que está incluído en nuestros evangelios. De toda la riqueza de información que los apóstoles tenían, debieron seleccionar ciertas palabras e incidentes. ¿Por qué? Porque Juan dice que escribe con la esperanza de convencernos de que Jesús es el Mesías, el Hijo de Dios. Y en consecuencia lógica de esa convicción, confiemos en él para que tengamos vida, esa nueva y abundante vida que Jesús mencionó en Juan 10:10.

Frente al mensaje claro de Juan, podemos "elegir entre la vida y el bien, por un lado, y la muerte y el mal, por otro" (Deuteronomio 30:14). La decisión es nuestra.

Recomendamos que siga sus estudios de la Biblia y también sobre temas de la vida cristiana en la serie titulada "Vida Nueva", de los Cursos para el Crecimiento Cristiano.

www.ingramcontent.com/pod-product-compliance
Lightning Source LLC
Chambersburg PA
CBHW070547030426
42337CB00016B/2381